AF625983

# Inhalt

## Das gibt es alles zu entdecken!

## → Das können wir tun!

Feuer gefangen? Dann informiere dich am besten im Internet über die Feuerwehr in deiner Region.

# Wasser marsch!

# Willkommen auf der Feuerwache!

## *Bei uns ist kein Tag wie der andere*

**Hallo, ich bin Jörg! Seit fast 30 Jahren bin ich nun als Feuerwehrmann im Einsatz, und ich habe keinen einzigen Tag davon bereut. Mein Dienst dauert immer 24 Stunden und folgt einem gewissen Ablauf – trotzdem ist kein Tag gleich. Komm mit, ich zeige dir alles!**

**GUTEN APPETIT!**
Mit knurrendem Magen will niemand Feuer löschen. Beim Kochen und Abwaschen wechseln sich alle ab und unterstützen sich gegenseitig. Auch wenn das Essen manchmal kalt wird, wir müssen zum Einsatz!

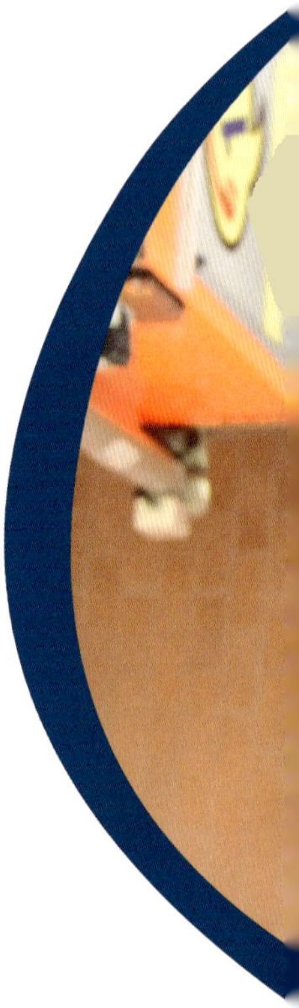

### *So beginnt der Tag*

Bei der Feuerwehr arbeiten wir im Schichtdienst. Das heißt, wir wechseln uns ab. Klar, auf der Wache müssen immer genügend Leute sein, damit wir im Notfall direkt helfen können. Mein Dienst beginnt meist um 7:30 Uhr. Nach einer kurzen Besprechung mit den Leuten aus der vorherigen Schicht wird alles überprüft: Fahrzeuge, Geräte und Materialien. Im Einsatz muss alles funktionieren!

### *Autos und Akten*

Im Erdgeschoss der Feuerwache befindet sich die Fahrzeughalle. Hier stehen Fahrzeuge und Schutzkleidung für den nächsten Einsatz bereit. Damit im Notfall alles reibungslos läuft, muss auch die Feuerwehr planen: Im Büro werden für jeden Tag Dienst- und Einsatzpläne geschrieben.

**AB INS FAHRZEUG**
Die Stiefel stehen schon bereit: Einsteigen, Tor auf und so schnell wie möglich ausrücken!

### *Üben, üben, üben*

Wenn alles überprüft ist und wir nicht gerade im Einsatz sind, üben wir für den nächsten Einsatz. Aus- und Fortbildung sind ein wichtiger Teil im Berufsleben von Feuerwehrleuten. Daher gibt es in jeder Feuerwache so etwas wie ein Klassenzimmer. Aber nicht nur der Kopf will trainiert werden: Um Feuer zu löschen, muss man auch körperlich fit sein. Deswegen haben die meisten Wachen eigene kleine Fitness-Studios.

### *Ein Tag geht zu Ende*

Wenn alles nach Dienstplan erledigt ist, darf es auch gemütlich werden. Man kann fernsehen, lesen oder mit anderen gemeinsam am Computer spielen. Irgendwann fallen einem die Augen zu, dann kann man sich auch mal aufs Bett legen – bis zum nächsten Alarm.

**ALARM!**
Bei einem Alarm rutschen wir rasch die Stange runter. Das ist sicherer, als die Treppe herunterzulaufen. Unten schlüpfen wir schnell in unsere Schutzkleidung!

### *Was ist ein Gerätehaus?*

So nennt man die Wache bei der freiwilligen Feuerwehr. Dort gibt es meistens keine großen Küchen oder Sporträume. Denn die Mitglieder der freiwilligen Feuerwehr werden im Gegensatz zur Berufsfeuerwehr aus ihrer Freizeit oder ihrer Arbeit heraus alarmiert.

**EIN STARKES TEAM**
Feuerwehr ist so viel mehr als nur Feuer löschen. Es geht um Zusammenhalt und darum, sich aufeinander verlassen zu können. Besondere Fahrzeuge und Technik gehören auch dazu. Gemeinsam erlebt man Abenteuer – und das immer mit dem guten Gefühl, in Not geratenen Menschen und Tieren zu helfen.

***»Allein kann man keinen Einsatz bestehen. Erfolg hat man bei der Feuerwehr nur gemeinsam.«***

**Jörg Nießen,** Feuerwehr Köln

# Feuer und Flamme

# Jederzeit bereit

## *Feuerwehren in Deutschland*

**Wenn es darum geht, Menschen vor Gefahren zu schützen, steht im Großteil Deutschlands die freiwillige Feuerwehr in der ersten Reihe! Nur weil die Feuerwehrfrauen und Feuerwehrmänner kein Geld erhalten, ist ihre Hilfe nicht weniger wert. Ganz im Gegenteil – ohne das Ehrenamt in der freiwilligen Feuerwehr wäre der Brandschutz in Deutschland nicht möglich.**

### *Berufsfeuerwehr oder freiwillige Feuerwehr?*

Ob es bei dir in der Nähe eine Berufs- oder eine freiwillige Feuerwehr gibt, hängt von der Größe deines Wohnortes ab. Großstädte, also Städte, in denen über 100 000 Menschen leben, haben in der Regel eine Berufsfeuerwehr. Trotzdem findest du auch in Großstädten freiwillige Feuerwehren.

**VON NORD BIS SÜD**
Hier siehst du alle Städte, die eine Berufsfeuerwehr haben. Im Rest von Deutschland sorgt die freiwillige Feuerwehr für unsere Sicherheit. Wenn alle freiwilligen Feuerwehren auf der Karte eingezeichnet wären, könntest du vor lauter Punkten die Karte nicht mehr sehen.

## Es gibt auch Mischformen

Manchmal arbeiten freiwillige Feuerwehrkräfte und Berufsfeuerwehrmänner und -frauen gemeinsam. Solche Wachen nennt man freiwillige Feuerwehren mit hauptamtlichen Kräften. Das klingt nicht nur kompliziert – nein, das ist es auch! Vor allem, weil es viele Ausnahmeregelungen und Unterschiede in den 16 Bundesländern gibt.

## Die Werkfeuerwehr

Bei besonderen Gefahren in einem Ort, zum Beispiel durch einen Chemiebetrieb in der Nähe, wird entweder die Feuerwehr dafür ausgerüstet, oder es gibt sogar eine eigene Werkfeuerwehr für den Betrieb.

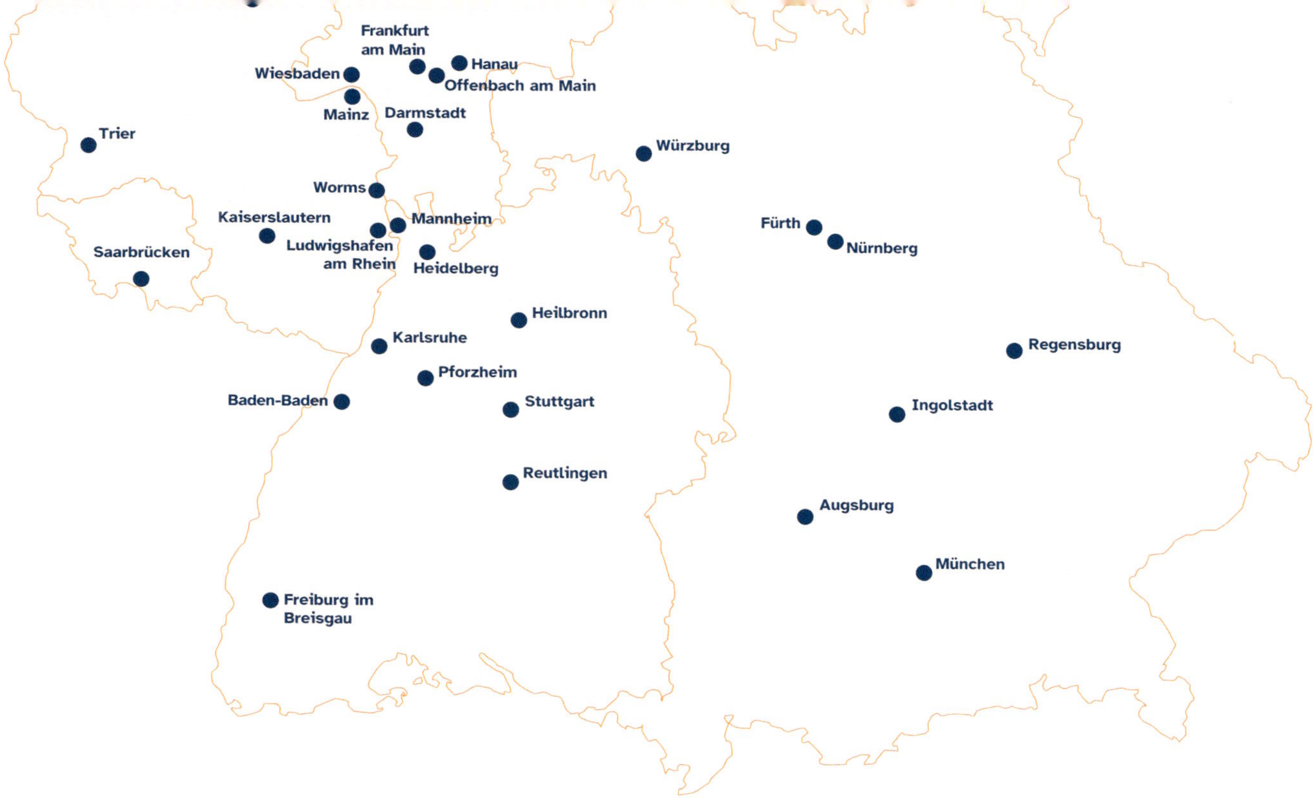


## Super Fakten

**1 Traumberuf**
Es gibt **114 Berufsfeuerwehren** in Deutschland. Hier arbeiten **rund 36 000 Menschen**.

**2 Die Größten**
**Berlin, Hamburg, München, Köln** und **Frankfurt** haben die größten Berufsfeuerwehren Deutschlands.

**3 So viele**
Es gibt etwa **24 000 freiwillige Feuerwehren** und **755 Werkfeuerwehren** in Deutschland.

**4 Im Ehrenamt**
In Deutschland setzen sich **über 1 000 000 Menschen** in ihrer Freizeit in der freiwilligen Feuerwehr ein.

Auf zum Einsatz!

**RUND UM DIE UHR BESETZT**
In der Feuer- und Rettungswache in Hannover werden die Notrufe für fast 1,2 Millionen Menschen entgegengenommen. Pro Tag werden dort rund 3000 Telefonate geführt.

## Gibt es nur die 112?

1. Auch über Apps kannst du inzwischen einen Notruf an die Leitstelle senden. Besonders für Menschen mit einer Sprach- oder Hörbehinderung sind sie eine echte Hilfe.

2. Moderne Autos können per eCall Notrufe absetzen. Hier erkennen Sensoren die Schwere eines Unfalls und senden die GPS-Koordinaten an die Leitstelle. Außerdem wird über die Freisprecheinrichtung eine Sprachverbindung zur Leitstelle aufgebaut.

# Die Leitstelle

## *Das Gehirn der Feuerwehr*

**In der Leitstelle wird nicht mit Schlauch und Feuerwehraxt, sondern mit Telefon, Stadtplan und Computer gearbeitet. Noch während deines Notrufs werden die Informationen am Computer verarbeitet und die Einsatzkräfte der zuständigen Feuerwache alarmiert.**

*Sag mal ...*

Mathilda, 8 Jahre

***»Wie schnell fährt die Feuerwehr nach dem Alarm los?«***

***»Die Feuerwehrkräfte versuchen sich in 90 Sekunden auszurüsten und auszurücken.«***

**DAMALS UND HEUTE**
Die Anzeigetafel aus den 1970er-Jahren zeigte, welche Fahrzeuge im Einsatz sind. Heute werden diese Informationen auf einem Bildschirm am Computer dargestellt.

### *Notruf und Alarmierung*

Super, wenn du schon die Notrufnummer 112 kennst, mit der man die Feuerwehr und den Rettungsdienst alarmiert. Wenn du diese Nummer wählst, sprichst du mit der zuständigen Leitstelle. Die sorgt dafür, dass die richtigen Einsatzkräfte zur Einsatzstelle geschickt werden. Man kann schließlich kein Löschboot gebrauchen, wenn auf der Autobahn ein Fahrzeug brennt.

### *Viele Fragen*

Warte immer ab, bis die Leitstelle das Gespräch beendet, und versuche, auf alle Fragen so ruhig und konzentriert wie möglich zu antworten. Die wichtigste Frage wird immer lauten: »Wo ist der Notfallort?« Häufig gibt es viele Rückfragen. Denn ein Straßenname und eine Hausnummer reichen oft nicht aus, um die Einsatzstelle zu finden. Stell dir vor: In Großstädten sind Straßennamen manchmal mehrfach vergeben. Deshalb fragt die Leitstelle nach Stadt- oder Gemeindeteilen, nach dem Stockwerk oder dem Namen auf dem Klingelschild.

### *Währenddessen auf der Feuerwache ...*

Wir werden schon alarmiert, während die Leitstelle noch mit dir spricht. Ein Gong ertönt, und das Licht geht an. Eine Durchsage nennt den Einsatzort, das Einsatzstichwort und welche Fahrzeuge ausrücken müssen. Wir machen uns dann sofort auf den Weg zum Einsatzort.

**ANGRIFF VON OBEN**
Aus dem Korb der Drehleiter versuchen Feuerwehrleute das Feuer unter Kontrolle zu bringen. Die lodernden Flammen im Dachstuhl zu löschen ist eine Aufgabe, die Nachbarhäuser zu schützen eine andere. Durch Hitzestrahlung und Funkenflug kann sich der Brand schnell auf nahe gelegene Häuser ausweiten.

# Hier wird es heiß!

**Die Rettung von Menschen geht immer vor! Erst dann wird das Feuer bekämpft. Der Brand darf sich nicht weiter ausbreiten.**

# Niemand ist allein

## Gemeinsam im Einsatz

**Im Einsatz arbeiten die Feuerwehrmänner und -frauen in Teams zusammen: den sogenannten Trupps. Jeder Trupp besteht aus mindestens zwei Feuerwehrleuten und hat feste Aufgaben. Natürlich lässt kein Trupp einen anderen im Stich. Für einen erfolgreichen Einsatz unterstützen sich alle gegenseitig.**

### Wer macht was?

Der Angriffstrupp löscht das Feuer und rettet Menschen und Tiere, die sich in Not befinden. Ein Wassertrupp wird eingesetzt, um die Versorgung mit Löschwasser sicherzustellen. Denn bei größeren Bränden reicht das Löschwasser aus den Fahrzeugen oft nicht aus. Der Sicherheitstrupp steht bereit, falls Einsatzkräfte selbst in Not geraten und Hilfe brauchen. Der Schutz der eigenen Leute ist am allerwichtigsten.

**SCHNELL AUSRÜSTEN!**
Wenn die Luft in der Umgebung giftig ist, versorgt ein Atemschutz-Gerät Feuerwehrkräfte mit frischer Luft zum Atmen, zum Beispiel im Brandrauch.

### *Unsichtbare Gefahr*

Eine der größten Gefahren bei einem Feuer sind giftige Gase. Besonders gefährlich ist das Gas Kohlenmonoxid. Du kannst es weder riechen noch schmecken. Man ist also niemals vor ihm gewarnt. Wenn du zu viel von dem Gas einatmest, kannst du im schlimmsten Fall sogar daran sterben. Deshalb prüfen die Feuerwehrleute nach einem Brand immer alle Räume mit einem Messgerät. Nach einem Feuer dürfen die Menschen erst zurück in ihre Wohnungen, wenn die Messwerte ungefährlich sind.

**LÖSCHANGRIFF**
Manchmal kann der Angriffstrupp nicht nah ans Feuer heran, weil es zu heiß ist. Dann heißt es Abstand halten.

**DIE FEUERWEHR HAT IM EINSATZ VERSCHIEDENE STRATEGIEN:**

**VERTEIDIGUNG**
Bei dieser Strategie wird dein Haus geschützt, wenn das Nachbarhaus brennt. Mit speziellen Schläuchen wird dafür eine Wasserwand aufgebaut, die dein Haus vor den Flammen beschützt – eine sogenannte Riegelstellung.

**RETTUNG**
Wenn du oder andere in Gefahr sind, ist Rettung immer zuerst angesagt. Dann wird auch darauf verzichtet, als Erstes das Feuer zu löschen.

**ANGRIFF**
Wenn eine Gefahr sofort beseitigt werden muss, spricht man von Angriff. Das kann zum Beispiel ein Brandherd sein, der gelöscht werden muss, bevor er sich weiter ausbreitet.

**RÜCKZUG**
Es gibt Momente, da kann auch die Feuerwehr nicht mehr helfen. Rückzug ist dann die letzte Möglichkeit, um sich selbst nicht in Lebensgefahr zu bringen.

# Das Feuer ist aus

**VIELE HELFENDE HÄNDE**
Eine Einsatzstelle aufzuräumen, dauert oft genauso lange, wie das Feuer zu löschen. Schläuche aufzurollen, ist da nur eine Aufgabe von vielen. Damit es schnell geht, packen alle mit an. Denn auch beim Aufräumen gilt: Zusammen sind wir stark!

→ ***Kaputte Schläuche?***
Feuerwehrschläuche halten ganz schön was aus! Trotzdem müssen alle benutzten Schläuche nach einem Einsatz nicht nur gereinigt, sondern auch auf Löcher geprüft werden. Ist einer kaputt, wird er ausgetauscht.

→ ***Neue Schutzkleidung***
Der giftige Brandrauch kann sich in der Schutzkleidung sammeln, ohne dass sie von außen schmutzig wirkt. Deswegen muss die Schutzkleidung häufig gewechselt werden.

**LÖSCHWASSER TANKEN**
Hier wird der Tank des Löschfahrzeugs am Unterflur-Hydranten aufgefüllt. Dafür wird ein Schlauch angeschlossen. Genug Löschwasser zu haben, ist für die Feuerwehr superwichtig!

# Jetzt wird aufgeräumt!

**Geschafft! Wir haben das Feuer gelöscht! Aber wir sind trotzdem noch nicht fertig mit unserer Arbeit. Auch wenn die Gefahr vorbei ist, gibt es für die Feuerwehr noch einiges zu tun.**

## *Was passiert nach einem Einsatz?*

Nach jedem Einsatz muss sich die Feuerwehr direkt auf den nächsten Einsatz vorbereiten. Das Wort aufräumen beschreibt die Sache ganz gut. Schläuche müssen eingerollt werden, Funkgeräte brauchen aufgeladene Akkus und Einsatzkräfte saubere Schutzkleidung. Außerdem muss über jeden Einsatz ein Bericht geschrieben werden, damit man später noch weiß, was die Feuerwehr genau gemacht hat.

**RANDVOLL**
Die Anzeige informiert den Maschinisten oder die Maschinistin des Fahrzeugs darüber, wie viel Löschwasser sich noch in den Tanks befindet.

## *Woher kommt das Löschwasser?*

Auch die Löschwasser-Tanks müssen nach einem Einsatz aufgefüllt werden. Dafür geht es mit dem Fahrzeug zum Hydranten, der an das Trinkwasser-Netz angeschlossen ist. Bestimmt hast du schon mal einen Hydranten gesehen. Die meisten sind allerdings im Boden versteckt. Die nennt man Unterflur-Hydranten. Du erkennst sie an ovalen Metalldeckeln, die in die Straße eingelassen sind. Um an das Wasser zu kommen, steckt die Feuerwehr ein Rohr auf den Hydranten. Das Standrohr sieht aus wie ein riesiger Wasserhahn.

**Durchmesser** der Leitung in Millimetern

Steht hier eine Zahl, musst du nach **rechts** gehen.

**2 Meter** nach links

**3 Meter** rückwärts
**Achtung!** Steht ein Minus vor der Zahl, musst du vorwärts gehen.

**WEGWEISER**
Dieses Schild zeigt der Feuerwehr den Weg zum Hydranten. Versuche doch selbst einmal, einen Hydranten mithilfe solcher Schilder zu finden.

# Die Aufgaben der Feuerwehr

## Retten, löschen, bergen, schützen

**Schon im alten Rom gab es eine Feuerwehr. Damals zog man noch mit Löscheimern los. Natürlich hat sich die Feuerwehr im Lauf der Zeit weiterentwickelt. Aber auch die Aufgaben sind vielfältiger geworden. Feuerwehrleute müssen heute ganz verschiedene Dinge können. Nicht immer geht es dabei um Feuer!**

**RETTEN MUSS GEÜBT SEIN**
Wenn du beim Schlittschuhlaufen ins Eis einbrichst, wirst du von der Feuerwehr gerettet. Hier wird für den Ernstfall eine Eisrettung geübt.

### Immer zur Stelle

Mit Retten ist alles gemeint, was eine Gefahr von Menschen oder Tieren abwendet oder sie aus einer bedrohlichen Lage befreit. Das bedeutet zum Beispiel, Personen aus einem brennenden Haus oder einem eingeklemmten Fahrzeug herauszuholen.

### Kampf gegen das Feuer

Die Feuerwehr löscht Brände – klar. Aber das ist nicht so einfach, wie es klingt. Es gibt viel zu beachten: Welches Löschmittel ist das richtige? Wasser, Schaum oder Pulver? Und kaum ist das geklärt, stellt sich die nächste Frage: Wo legt man los mit dem Löschen – am Brandherd, also dem Ursprung des Feuers? Oder hat sich das Feuer sogar schon ausgebreitet und muss erst mal in Schach gehalten werden?

## *In Sicherheit bringen*

Stell dir mal vor, ein Museum stürzt ein: Nachdem alle Besucherinnen und Besucher gerettet wurden, werden die Bilder und Kunstwerke geborgen. Alles, was lebt, wird also gerettet. Wenn etwas leblos ist, sprechen Feuerwehrleute vom Bergen.

**BERGUNG**
Bei einem Schiffsunglück ging Ladung verloren. Fässer mit gefährlichem Inhalt mussten aufwendig geborgen werden.

## *Für alle im Einsatz*

Nach einem Verkehrsunfall verhindert die Feuerwehr, dass Benzin und Öl ins Grundwasser oder in die Kanalisation gelangen. Damit schützt sie die Umwelt. Bei Konzerten prüft die Feuerwehr, ob alle Flucht- und Rettungswege frei sind. Dadurch schützt sie das Publikum. Auch bestimmte Gebäude, wie Krankenhäuser, werden regelmäßig von der Feuerwehr kontrolliert. Beim Schützen geht es also darum, eine Gefahr fernzuhalten.

**UMWELTSCHUTZ**
Hier ist Öl ausgelaufen. Damit es nicht in die Umwelt gelangt, wird es mit einem sehr groben Pulver aufgenommen. Das sieht ein bisschen aus wie Sand.

## Super Fakten

**1** ***Mülleimer bis Lagerhalle***
Im Jahr 2021 fuhr die Feuerwehr in Deutschland zu **fast 200 000 Brandeinsätzen**.

**2** ***Fehlalarm!***
2021 gab es **rund 350 000 Fehlalarmierungen**. Die Feuerwehr rückt trotzdem lieber einmal zu viel als einmal zu wenig aus.

**IM VOLLBRAND**
Dieses Auto wird mit Wasser gelöscht. Aber Löschen will gelernt sein, denn längst nicht jedes Feuer kannst du mit Wasser löschen.

**WENN ES BRENNT**
Bei einem Feuer in einem Eckhaus könnten die Fahrzeuge für den besten Einsatzerfolg zum Beispiel so aufgestellt werden.

# Alles kein Zufall!

## Fahrzeugaufstellung im Einsatz

**Für den Erfolg des Einsatzes ist es sehr wichtig, wo welches Fahrzeug am Einsatzort steht. Denn jedes hat bestimmte Aufgaben und besondere Stärken.**

### Wo steht was?

Der Einsatzleitwagen behält den Überblick über die Einsatzstelle. Das Hilfeleistungs-Löschgruppen-Fahrzeug fährt ein gutes Stück an dieser vorbei, um vor allem der Drehleiter genug Platz zu lassen. Denn sie braucht wegen ihrer Stützen den meisten Raum, um ihre Beweglichkeit voll nutzen zu können. Außerdem ist es sehr wichtig, wo die Drehleiter steht, damit man möglichst alle Fenster des Wohnhauses mit dem Korb an der Leiterspitze erreichen kann.

### Rollender Wassertank

Im Laufe des Einsatzes kann sich der Aufstellort des Tank-Löschfahrzeugs noch mal ändern. Das hängt davon ab, ob der mitgebrachte Vorrat an Löschwasser ausreicht oder weiteres Wasser zur Einsatzstelle gebracht werden muss.

### Der Rettungsdienst

Auch Rettungswagen und manchmal ein Notarzteinsatz-Fahrzeug stehen bereit, um verletzten Menschen sofort Hilfe zu leisten.

**DLK**
Drehleiter mit Rettungskorb

**HLF**
Hilfeleistungs-Löschgruppen-Fahrzeug

**TLF**
Tank-Löschfahrzeug

**ELW**
Einsatzleitwagen

**RTW**
Rettungswagen

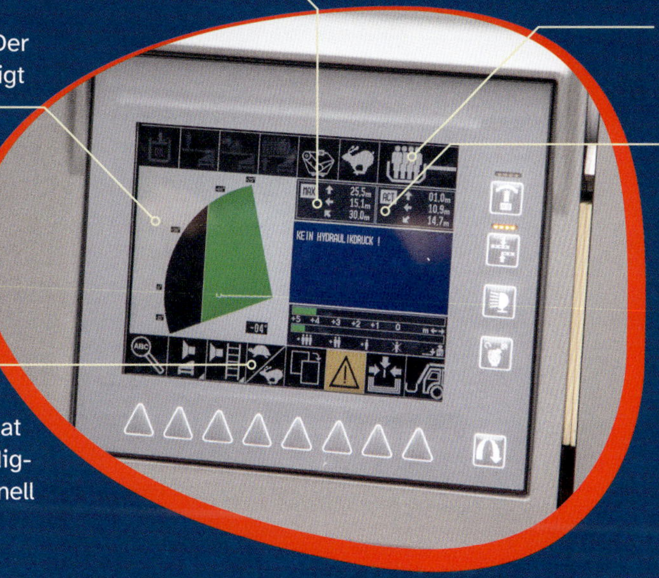

Aktuelle Reichweite der Drehleiter

Im grünen Bereich kann die Leiter sich bewegen. Der weiße Strich zeigt ihre Position.

Belastungsanzeige für den Rettungskorb

Aktuelle Position der Leiter

Die Drehleiter hat zwei Geschwindigkeitsstufen: schnell und langsam.

**DREHLEITER-STEUERUNG**
Auf dem Bildschirm sieht der Maschinist oder die Maschinistin der Drehleiter alle wichtigen Informationen, zum Beispiel in welchem Winkel die Leiter aufgerichtet ist und wie weit die Leiter ausgefahren ist.

# Drei für alle Fälle

→ ***Meterlange Schläuche***
In den Gerätefächern des HLF befinden sich unterschiedlich große Schläuche für jeden Einsatz.

→ ***Leitern***
Auf dem Dach des HLF sind drei verschiedene Leitern für unterschiedliche Einsatzmöglichkeiten befestigt. Die längste Leiter ist die dreiteilige Schiebleiter.

→ ***Licht in der Nacht***
Neben tragbaren Scheinwerfern verfügt das HLF auch über einen Lichtmast, um die Einsatzstelle zu beleuchten.

***HLF***

| | |
|---|---|
| **Gewicht** | 15,5 Tonnen |
| **Anzahl der Einsatzkräfte** | 5–9 |
| **maximale Leiterlänge** | 14 Meter |
| **Schaummittel** | 100 Liter |
| **Löschwasser** | 1600 Liter |
| **Löschpulver** | 6 Kilogramm |
| **vollständiger Name** | Hilfeleistungs-Löschgruppen-Fahrzeug |

**HILFELEISTUNGS-LÖSCHGRUPPEN-FAHRZEUG**
Das HLF ist der Alleskönner unter den Fahrzeugen. Die Gerätefächer sind randvoll mit Schläuchen, Strahlrohren und weiterer Ausrüstung für die technische Hilfe.

# Beliebt und oft gebraucht

**VOLLER WASSER**
Im Tank dieses PTLF befinden sich 4000 Liter Wasser. Das sind umgerechnet etwa 25 Badewannen.

**Das HLF bringt den Angriffstrupp zur Einsatzstelle. Die Drehleiter dient als Angriffs- oder als Rettungsweg. Und wenn es mit der Wasserversorgung einmal länger dauert, hat das Pulvertank-Löschfahrzeug das nötige Löschwasser dabei.**

### *Das Pulvertank-Löschfahrzeug*

Das PTLF bringt große Mengen verschiedener Löschmittel dorthin, wo sie gewöhnlich nicht verfügbar sind. Bei Löscharbeiten auf Autobahnen oder in Waldgebieten kommt man nicht ohne dieses Fahrzeug aus.

### *Die Drehleiter*

Die Drehleiter zählt zu den Hubrettungs-Fahrzeugen. Sie besitzt oftmals einen Rettungskorb, von dem aus auch ein Wasserwerfer benutzt werden kann. Die Leiter kann bis auf 30 Meter ausgefahren werden. Gesteuert wird alles über Joysticks, entweder von einem Sitz unten auf dem Fahrzeug oder oben aus dem Rettungskorb.

## *Super Fakten*

**1** ***Superschnell***
Der im PTLF eingebaute Wasserwerfer braucht **etwa 90 Sekunden**, bis der Tank leer ist.

**2** ***Hoch hinaus***
Die größte Drehleiter der Welt hat eine Leiterlänge von **fast 70 Metern**.

**NICHT NUR ZUM LÖSCHEN**
Nach Sturmschäden ist die Drehleiter ein nützlicher Helfer. Schließlich möchte niemand einen angebrochenen Ast auf den Kopf bekommen.

# Gut ausgerüstet

## Spezialfahrzeuge der Feuerwehr

**Es gibt unglaublich viele Feuerwehrfahrzeuge! Neben den normalen Löschfahrzeugen wurden einige für spezielle Aufgaben entwickelt. Hier findest du eine kleine Auswahl.**

**NEUESTE TECHNIK**
Auch virtuelles Training mit VR-Brille gehört heute zum Alltag der Feuerwehr. Damit kann zum Beispiel der Umgang mit dem Strahlrohr geübt werden.

### Werkzeugkasten auf Rädern

Der Rüstwagen ist ein großer, rollender Werkzeugkasten. Hydraulische Schere und Spreizer, aber auch Hebekissen und sogar eine starke Seilwinde gehören zur Ausstattung. Feuerwehrmänner und Feuerwehrfrauen, die auf dem Rüstwagen eingeteilt sind, haben eine besondere Ausbildung im Bereich der technischen Hilfe. Hier geht es nicht darum, Feuer zu löschen, sondern eingeklemmte oder verschüttete Personen zu befreien.

### Gefährliche Tunnel

Löschunterstützungs-Fahrzeuge werden zum Beispiel dann eingesetzt, wenn die Einsatzkräfte den Brandherd wegen großer Hitze nicht erreichen können. Zum Beispiel bei einem Tunnelbrand: Kannst du dir vorstellen, dass hier schnell Temperaturen von über 1000 Grad Celsius entstehen können?! Ferngesteuert kann das auf Ketten fahrende Löschfahrzeug in den Tunnel rollen und dort zum Einsatz kommen.

**DER RÜSTWAGEN**

**Stromerzeuger**
Manche Geräte brauchen unterwegs Strom. Den bringt die Feuerwehr sich einfach selbst mit.

**Hydraulische Schere und Spreizer**
Damit können Menschen aus eingeklemmten Autos befreit werden.

**Absperrmaterial**

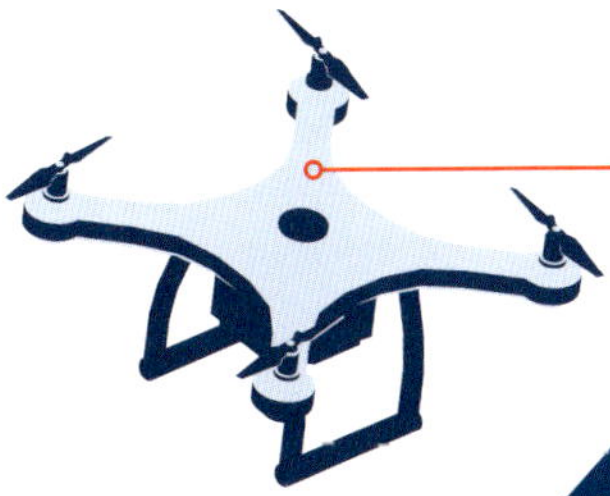

### *Aus der Luft*

Drohnen sind zu wichtigen Helfern der Feuerwehr geworden. Sie haben eingebaute Wärmebild-Kameras und liefern damit von hoch oben wertvolle Bilder und Daten, zum Beispiel von einem Groß- oder Waldbrand.

### *Schiff ahoi!*

Schon mal gesehen? Löschboote sind besonders wendig und verfügen über leistungsstarke Wasserwerfer zur Bekämpfung von Schiffsbränden. Du findest sie meist in großen Städten entlang wichtiger Wasserstraßen, wie dem Rhein, und in Hafenanlagen, zum Beispiel in Hamburg, Frankfurt und vielen weiteren Städten. Um die Boote fahren zu dürfen, werden manche Feuerwehrleute sogar zum Kapitän oder zur Kapitänin ausgebildet.

**AUF DEM WASSER**
Wenn ein Schiff auf dem Wasser brennt, sind Löschboote gefragt. Mit ihren Wasserwerfern können sie den Brand bekämpfen.

**FAHRBARER STURM**
Die Löschkanone hat über 360 Düsen, die bis zu 400 Liter Wasser pro Minute werfen können – und das 60 Meter weit! Jederzeit kann auch Löschschaum mit dem riesigen Ventilator hergestellt werden. Dieser erzeugt Windgeschwindigkeiten wie bei einem Orkan.

# Im Wasser …

**AUFWÄRTS**
Ein Übungsfahrzeug wurde mit einem Hebesack an die Oberfläche gebracht. Nun wird es mit einem Kran geborgen.

→ ***Luft holen***
Taucher und Taucherinnen bei der Feuerwehr tragen Vollgesichts-Masken statt Taucherbrillen. So sehen sie besser und können durch die Nase atmen.

→ ***Kontakt nach oben***
Über eine Leine können die Tauchenden durch Ziehen und Loslassen Signale nach oben geben. Außerdem gibt es das Tauchertelefon, eine spezielle Sprechfunk-Verbindung.

# ... und in der Luft

**Besondere Einsätze sind ein Fall für die Spezialeinheiten. Sie spielen eine wichtige Rolle bei der Feuerwehr. Denn diese Einsatzkräfte haben eine spezielle Ausbildung und Ausrüstung. Die Spezialkräfte müssen ständig trainieren, damit sie im Ernstfall sicher und schnell helfen können.**

**ABWÄRTS**
Eine Person wird in einer Schleifkorb-Trage gerettet. Ein Höhenretter begleitet die Fahrt nach unten.

### *Ganz schön hoch!*

Jemand muss von einem Baukran oder aus einem tiefen Schacht gerettet werden? Dann kommen die Höhenretter und Höhenretterinnen zum Einsatz. Diese Truppe besitzt eine Ausrüstung, die du vielleicht schon einmal bei Bergsteigenden gesehen hast. Um sich sicher abseilen zu können, ist ein guter Festpunkt am wichtigsten. Dann muss jeder Handgriff sitzen und jeder Knoten halten. Höhenangst kennt hier niemand!

**IN LUFTIGER HÖHE**
Wegen eines technischen Problems kam diese Seilbahn zum Stillstand. Die Höhenretter brachten 20 Kinder und 45 Erwachsene in Sicherheit.

### *Nasse Angelegenheit*

Auch wenn ein See harmlos aussieht: Nicht in jedem kann man schwimmen und baden! Die Taucher und Taucherinnen der Feuerwehr werden immer dann gerufen, wenn es Notfälle in fließenden oder stehenden Gewässern gibt. Wer von der Strömung mitgerissen wird, kann froh sein, wenn diese Spezialkräfte zur Stelle sind. Beim Rettungstauchen ist die Sicht oft sehr schlecht. Eigens entwickelte Suchtechniken helfen dabei, vermisste Personen trotzdem unter Wasser zu finden.

# Nasser Trümmerhaufen

## *Ein Einsatz wie kein anderer*

**Betonstützen aus Stahl und Scherben aus Acrylglas – viel mehr ist nicht mehr übrig vom größten Aquarium dieser Art. Die Trümmer des AquaDoms haben nichts mehr mit dem tropischen Ökosystem zu tun, in dem exotische Fische lebten.**

### *Plötzlich und unerwartet*

Ein besonderer Einsatz war der am Berliner AquaDom. Das größte kreisrunde Meerwasser-Aquarium der Welt war 25 Meter hoch und stand im Eingangsbereich eines Hotels. Im Dezember 2022 gab die Konstruktion nach: Gut eine Million Liter Wasser strömten heraus! Die Feuerwehr hat das Hotel geräumt, Wasser aus Kellern abgepumpt und weitere technische Hilfe geleistet. Auch die Rettung der tierischen Bewohner gehörte zu den Aufgaben der Feuerwehr. Leider haben nur wenige das Unglück überlebt.

**BUNTE WELT UNTER WASSER**
So sah der AquaDom vorher aus. Im etwa 26 Grad Celsius warmen Salzwasser tummelten sich ungefähr 1 500 Fische an einem künstlichen Korallenriff.

# Flugzeug in Flammen

## Ein Fall für die Werkfeuerwehr

**Wenn es an Flughäfen, in Chemiebetrieben oder beim Militär brennt, dann ist die normale Feuerwehr schnell mit ihren Möglichkeiten am Ende – hier braucht es die Werkfeuerwehren.**

### *Groß und sehr speziell*

Es brennt am Flughafen? Die Flughafenfeuerwehren sind vorbereitet und erreichen jeden möglichen Einsatzort auf dem Flughafengelände in nur drei Minuten. Werkfeuerwehren achten vor allem auf die Gefahren im eigenen Betrieb, zum Beispiel brennbare Flüssigkeiten. Und sogar die Bundeswehr hat eigene Feuerwehreinheiten! Da sind natürlich auch besondere Fahrzeuge gefragt. Sie müssen schnell, stark und an die ganz speziellen Gefahren angepasst sein.

**UNFALL AUF DEM ROLLFELD**
Auf einem Übungsgelände trainiert die Feuerwehr den Einsatz von Flugfeld-Löschfahrzeugen bei einem Flugzeugbrand.

Sag mal …

Jonas, 9 Jahre

**»Unterstützen Werkfeuerwehren auch andere Feuerwehren?«**

**»Natürlich hilft man sich gegenseitig. Der Schutz im eigenen Werk muss aber immer sichergestellt sein. Eine Flughafenfeuerwehr kann also niemals alle Fahrzeuge auf einmal ausleihen.«**

**PLATZ DA!**
Um sich den Weg zu bahnen, sind viele Löschpanzer vorne mit einem Räumschild ausgestattet.

## Auf der Landebahn

Flugfeld-Löschfahrzeuge transportieren sehr viel Wasser. Trotzdem können sie extrem schnell beschleunigen. Das müssen sie auch, denn bei einem Unglück mit einem Flugzeug geht es um jede Sekunde. Außerdem können diese Fahrzeuge einen Schaumteppich auf der Landebahn ausbreiten. Bei einer Notlandung wird so die Brandgefahr verringert. Einige Flugfeld-Löschfahrzeuge verfügen sogar über einen Stachel, der die Flugzeughülle durchstoßen kann, um den Innenraum zu löschen.

## In militärischem Gelände

Löschpanzer sind Kettenfahrzeuge, die auf militärisch genutzten Flächen zum Einsatz kommen. Wenn es dort brennt, ist es für Feuerwehrkräfte wegen möglichen Resten von Munition zu gefährlich. Deshalb braucht es zum eigenen Schutz gepanzerte Fahrzeuge.

## Im Chemielabor

Löschfahrzeuge der Werkfeuerwehr sind für die besonderen Gefahren in einem Industrie- oder Chemiebetrieb ausgestattet. Zum Beispiel gibt es Pumpen und Schläuche für ätzende Säuren und Laugen. Aber es können auch Schaum- und Wasserwerfer eingebaut werden, die viel größer und leistungsstärker sind als die der normalen Feuerwehr.

**RETTUNG AUS DER LUFT**
Rettungshubschrauber werden eingesetzt, wenn Menschen besonders schnell oder schonend in ein Krankenhaus gebracht werden müssen. Das kann zum Beispiel bei Wirbelsäulen-Verletzungen sein. An Bord sind ein Pilot, eine Notärztin und ein speziell für die Luftrettung ausgebildeter Notfall-Sanitäter.

# Hand in Hand

**Bei einem Unfall auf der Autobahn arbeiten alle zusammen: Polizei, Rettungsdienst und Feuerwehr.**

**»Wenn wir uns durch die Autos schlängeln, denke ich oft an meine Zeit in den engen Gassen von Rom zurück.«**

Flavia Nobili

## Im Gespräch mit ...

**Flavia Nobili, Notärztin in Köln**
Flavia ist 43 Jahre alt und kommt ursprünglich aus Rom in Italien. Ihre Freunde und Familie nennen sie Flappi. Wenn sie nicht gerade tanzt oder in der Sonne ein Eis schleckt, fährt sie mit Blaulicht durch Köln.

### WOLLTEST DU SCHON IMMER NOTÄRZTIN WERDEN?

Nein, ich wollte Kinderärztin werden. Ich habe sogar für ein paar Jahre in der Kinder-Herzchirurgie gearbeitet. Erst danach bin ich Notärztin geworden.

### IST JEDER DIENST AUFREGEND?

Meine Arbeitstage sind nie gleich. Manchmal ist mehr, manchmal weniger los. Aufregend ist auf jeden Fall, dass ich bis zum Feierabend nicht weiß, was der Tag noch bringt.

### WIE VIELE LEBEN HAST DU SCHON GERETTET?

Das weiß ich nicht, ich habe nicht mitgezählt! Aber Leben zu retten, fühlt sich toll an. Mein Beruf ist allerdings viel mehr als das. Es ist genauso wichtig, den Patienten und Patientinnen Schmerzen und Ängste zu nehmen, ihre Erkrankung zu erkennen und sie in das richtige Krankenhaus zu bringen.

### WAS IST DAS SCHWIERIGSTE IN DEINEM BERUF?

Am schwierigsten ist es, immer ruhig und geduldig zu bleiben. Aber ich liebe es, unter Menschen zu sein und im Team zu arbeiten.

# Der Rettungsdienst

**IN GUTEN HÄNDEN**
Bist du schon mal im Rettungswagen mitgefahren? Je nach Erkrankung oder Verletzung wirst du im Liegen oder Sitzen ins Krankenhaus gebracht. Während der Fahrt bleibt immer jemand bei dir und kümmert sich um dich.

# Nicht nur Feuer löschen ...

**... auch im Rettungsdienst ist die Feuerwehr im Einsatz! In vielen Teilen Deutschlands wird der Rettungsdienst von großen Hilfsorganisationen geleistet. Aber auch die Feuerwehren spielen eine große Rolle in der Versorgung von medizinischen Notfällen.**

**AB INS KRANKENHAUS**
Manchmal zählt jede Minute! Dann geht's mit Martinshorn und Blaulicht durch die Stadt.

### *Hilfe ist auf dem Weg*

Bei einem Notfall können dir unterschiedliche Teams zu Hilfe eilen. Je nachdem, was passiert ist und wie schlimm deine Verletzung ist, entscheidet die Leitstelle, welche Einsatzkräfte zu dir geschickt werden. Neben Unfällen wie einem Fahrradsturz gehören auch andere Notfälle zu den Einsätzen, zum Beispiel Herzerkrankungen oder Vergiftungen.

### *Rettung ist Teamarbeit*

In einem Rettungswagen fahren Rettungs-Sanitäter und Notfall-Sanitäterinnen mit. Sie können alle Notfälle behandeln, die keine ärztliche Hilfe erfordern. Wenn bestimmtes medizinisches Wissen oder eine spezielle Ausbildung gefordert sind, wird noch ein Arzt oder eine Ärztin zur Einsatzstelle gebracht. Das kann zum Beispiel bei Narkosen, Wiederbelebungen oder sehr schweren Verletzungen der Fall sein.

## Technik hilft – aber ...

Dieses Multifunktions-Gerät kann deine Herzfrequenz, deinen Blutdruck und noch einiges mehr ermitteln. Das sind viele nützliche Zahlen und Werte, aber nichts geht über den erfahrenen Blick eines Notfall-Sanitäters oder einer Notärztin.

# Der Wald brennt!

## *Wieso das immer öfter passiert*

**Natürliche Waldbrände hat es schon immer gegeben. Leider hat der Einfluss des Menschen dazu geführt, dass durch Brandstiftung und Brandrodung der Wald immer häufiger brennt. Das ist zu viel für unsere Natur!**

### *Warum brennt es im Wald?*

Waldbrände werden auch in Deutschland immer häufiger. Durch den Klimawandel gibt es öfter längere Phasen mit extremer Trockenheit. Dadurch können sich Brände schnell ausbreiten. Aber auch bei hohen Sommertemperaturen entzündet sich ein Wald nicht von allein. Blitzeinschläge können eine natürliche Ursache sein. Leider werden die meisten Waldbrände aber von unvorsichtigen Menschen verursacht, die ihre noch brennenden Zigaretten auf den trockenen Boden werfen oder ein Lagerfeuer machen – was im Wald streng verboten ist.

### *Unterstützung aus der Luft*

Waldbrände werden am Boden bekämpft, indem man das trockene Unterholz ablöscht oder Brandschneisen in den Wald schlägt. Aus der Luft unterstützen Hubschrauber oder Flugzeuge, die Löschwasser abwerfen. Deutschland besitzt nur wenige eigene Löschflugzeuge. Werden mehr gebraucht, helfen uns Nachbarländer aus. Die derzeit größten Löschflugzeuge der Welt können über 40 000 Liter Wasser aufnehmen und abwerfen. Das sind zehn Tankfüllungen eines Pulvertank-Löschfahrzeugs.

**ABSTAND HILFT**
Brandschneisen sehen nicht hübsch aus. Aber der künstlich geschaffene Abstand zwischen den Bäumen verhindert, dass ein Feuer sich durch den gesamten Wald frisst.

**HILFE AUS DER LUFT**
Ein Hubschrauber mit angehängtem Wassersack bringt Löschwasser, um den Waldbrand einzudämmen.

# Üben für den Ernstfall

## Jeder Handgriff muss sitzen

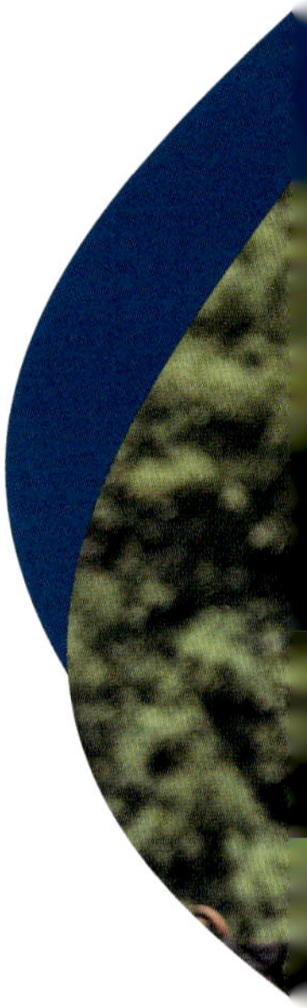

**So wie du dich auf Klassenarbeiten vorbereitest, muss die Feuerwehr auch für ihre Einsätze trainieren. Deshalb stehen Übungen, in denen Einsätze nachgestellt werden, regelmäßig auf dem Dienstplan. Egal, ob es um technische Hilfe oder um Löschangriffe geht – ohne ständiges Training funktionieren die wichtigen Handgriffe im Einsatz nicht.**

### Atemschutz-Übung

Alle Feuerwehrleute, die im Einsatz ein Atemschutz-Gerät tragen, müssen jedes Jahr eine Atemschutz-Übung bestehen. Dabei ist körperliche Fitness genauso gefordert, wie sich in einem Käfig-Labyrinth zurechtzufinden. Wer die Atemschutz-Übung nicht erfolgreich abschließt, darf im Einsatz kein Atemschutz-Gerät tragen.

### Kalte Lage

Aber die Vorbereitung auf Einsätze geht noch weiter. Feuerwehrleute sprechen davon, die kalte Lage zu kennen. Was komisch klingt, ist eigentlich ganz logisch: Schon bevor es brennt, schauen sich Feuerwehrkräfte in Gebäuden und an Orten um, die im Einsatz besondere Kenntnisse erfordern. Wenn man sich auskennt, fällt im Ernstfall vieles leichter. Daher besucht die Feuerwehr regelmäßig Industriebetriebe und Krankenhäuser und erkundet zum Beispiel auch Tunnelanlagen von U-Bahnen in ihrem Einsatzgebiet.

**DAS IST PFLICHT**
Hier siehst du Feuerwehrkräfte bei ihrer jährlichen Atemschutz-Übung.

**ÜBUNGSPUPPEN**
Sie wiegen etwa 70 Kilogramm. Mit ihnen kann das Retten von Menschen gut geübt werden.

**GROSSE TIERE RETTEN**
In dieser Übung wird ein künstliches Pferd von den Einsatzkräften gerettet.

### *Vorbeugender Brandschutz*

Manche Kollegen und Kolleginnen beschäftigen sich mit möglichen Gefahren. Diese Arbeit nennt man vorbeugenden Brandschutz. Das Ziel ist, Brände und Unglücke zu verhindern, bevor sie passieren. Zum Beispiel kann die Feuerwehr vor dem Beginn von Bauarbeiten mitbestimmen, welche Fluchtwege gebaut und welche Sicherheitsmaßnahmen umgesetzt werden müssen. Hierzu gehören zum Beispiel Brandmelde-Anlagen, Rauchabzugs-Anlagen oder Sicherheits-Treppenräume.

### *Zu deinem Schutz*

Bei Großveranstaltungen, Konzerten und Sport-Ereignissen ist die Feuerwehr mit dabei. Auch hier müssen Fluchtwege und Sicherheitsmaßnahmen überprüft und eingehalten werden.

## Wo ist der Notausgang?

Hast du so ein Schild schon mal gesehen? Es hängt in allen öffentlichen Gebäuden und weist dir den Weg! Im Notfall folgst du immer diesen Schildern, um dich und andere in Sicherheit zu bringen. Achte doch einfach mal darauf.

# Womit wird gelöscht?

**Längst nicht jedes Feuer kann mit Wasser gelöscht werden. Manchmal kann es sogar sehr gefährlich sein, mit Wasser zu löschen. Deswegen hat die Feuerwehr für jedes Feuer das passende Löschmittel.**

**PULVERLÖSCHER**
Das feine Löschpulver verteilt sich wie eine Wolke und löscht den Brand.

### *Was alles brennen kann*

Damit ein Feuer überhaupt brennen kann, braucht es drei Dinge: etwas Brennbares, Sauerstoff und eine bestimmte Temperatur. Brennbares Material wird in Brandklassen unterteilt. Es kann fest, flüssig, gasförmig, metallisch oder auch ölig und fettig sein. Hier siehst du, welches Löschmittel für welches Material am besten geeignet ist.

**ALLESKÖNNER STRAHLROHR**
Mit einem Griff können Einsatzkräfte den Schutzstrahl am Strahlrohr einstellen. Mit ihm können sie sich vor Hitze und Feuer schützen.

**DAS KLEINE 1X1 DER LÖSCHMITTEL**

|  |  |  |  |
|---|---|---|---|
| **Feste Stoffe wie Holz oder Textilien** | **Flüssige Stoffe wie Benzin oder Motoröl** | **Gasförmige und unter Druck stehende Stoffe** | **Speiseöle und Fette** |
| Kann man löschen mit: Wasser, Schaum oder Löschpulver aus einem Feuerlöscher | Kann man löschen mit: Schaum, Pulver oder speziellen Feuerlöschern | Kann man löschen mit: Löschpulver aus einem Feuerlöscher | Kann man löschen mit: speziellen Löschdecken oder mit einem Topfdeckel abdecken. NIEMALS mit Wasser löschen! |

# Pulver, Schaum und Co.

**ÜBERALL SCHAUM**
Löschschaum kannst du dir wie ganz viele kleine Seifenblasen vorstellen. So ähnlich wie sie besteht er aus Schaummittel, Wasser und Luft. Ein Schaumrohr hat ein Sieb mit vielen Löchern. Dadurch werden Millionen kleiner Schaumblasen erzeugt, die sich wie ein Teppich über das brennende Material legen.

→ ***Wasser***
Löscht die Feuerwehr mit Wasser, kühlt sie den brennbaren Stoff. Wasser kann sehr viel Wärme aufnehmen und senkt damit die Temperatur, die ein Feuer zum Brennen braucht.

→ ***Schaum***
Auch Schaum hat eine kühlende Wirkung. Zusätzlich trennt er den brennbaren Stoff von der Luft. Ohne Sauerstoff kann das Feuer nicht weiterbrennen und geht aus.

→ ***Pulver***
Löschpulver stört chemische Reaktionen, die das Feuer zum Leben braucht. Spezielle Metallbrand-Pulver bilden eine schmelzende Schicht, die das Metall vom Sauerstoff trennt.

## *Sind die nicht zu groß?*

Manche Schutzanzüge sehen so aus, als wären sie fünf Nummern zu groß. Meist handelt es sich um Einheitsgrößen, in die alle Feuerwehrmänner und -frauen mit unterschiedlicher Körpergröße hineinpassen müssen.

**HITZE-SCHUTZKLEIDUNG**
Sie darf auch bei extremen Temperaturen nicht schmelzen oder schrumpfen. Die meist mit Aluminium beschichtete Oberfläche der Schutzkleidung hält Hitzestrahlung vom Körper fern.

# Da platzt der Kleiderschrank

## *Die Schutzkleidung der Feuerwehr*

**Sich zwischendurch umzuziehen, gehört für uns alle zum Alltag. Bei der Feuerwehr kommt das sogar oft mehrmals am Tag vor. Um immer auf alles vorbereitet zu sein, nehmen wir die verschiedene Schutzkleidung einfach mit zum Einsatz. Manche Fahrzeuge erinnern dann an einen rollenden Kleiderschrank.**

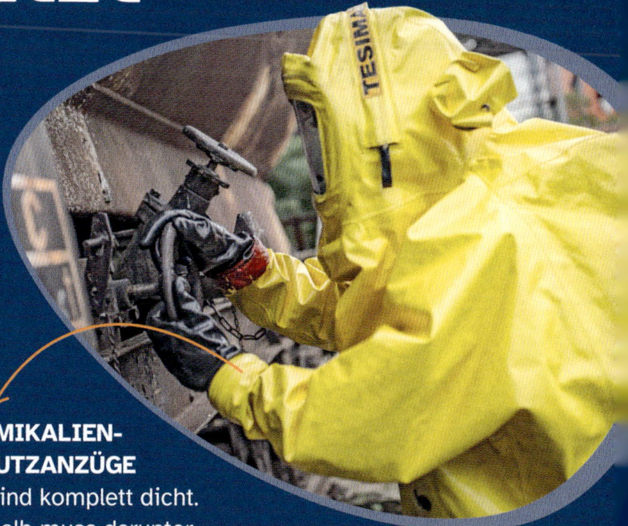


**CHEMIKALIEN-SCHUTZANZÜGE**
Sie sind komplett dicht. Deshalb muss darunter auch ein Atemschutz-Gerät getragen werden.

### *PSA – persönliche Schutzausrüstung*

Siehst du irgendwo Feuerwehrleute im Einsatz, tragen sie meist ihre normale Brandschutzkleidung. Sie schützt vor Hitze und auch vor Flammen. Jacke und Hose werden ergänzt durch Helm, Stiefel, Atemschutz-Maske und Pressluft-Atmer. Insgesamt wiegt die Schutzausrüstung ungefähr 25 Kilogramm.

### *Ab in die Wäsche*

Auf die moderne Schutzkleidung der Feuerwehr wären viele Superhelden und Superheldinnen neidisch. Aber einmal nass und verschmutzt, muss sie wie dein Lieblings-T-Shirt auch in die Wäsche. Eine normale Waschmaschine wäre damit völlig überfordert. Also ab in die Spezialwäscherei!

**KLEIDERSTÄNDER**
Auf dem Helm steht ein Name. Was darunterhängt, gehört zum Helm. So wissen immer alle, wem welche Kleidung gehört.

**SCHNITT-SCHUTZKLEIDUNG**
Sie ist bei Arbeiten mit Motor-Kettensägen Pflicht. Bei Kontakt mit der Kleidung verfängt sich die laufende Säge im Gewebe und kommt so zum Stillstand.

# Es brennt!

## Was du tun solltest – und was nicht!

**Zu wissen, wie du dich bei Gefahr richtig verhältst, wie du dich in Sicherheit bringst und auf welchen Wegen du gewarnt werden kannst, kann irgendwann dein Leben retten. Zwei Beispiele zeigen, wie du handeln solltest, wenn es brennt. Was immer gilt: Versuche niemals, ein Feuer selbst zu löschen!**

### Schutz für zu Hause

Rauchmelder sind Schutzengel, die unter der Decke hängen. Sie können Brandrauch erkennen und warnen mit einem schrillen Alarmton. Brandrauch einzuatmen, kann schnell tödlich enden. Achte deshalb darauf, dass bei dir zu Hause in jedem Flur, im Kinderzimmer und in jedem Schlafzimmer ein Rauchmelder angebracht ist.

### Ein Weg nach draußen

Damit du dich im Notfall in Sicherheit bringen kannst, ist es wichtig, dass Notausgänge und Fluchtwege immer offen und nicht versperrt sind. Deswegen sollten Kinderwagen und Fahrräder nicht im Treppenhaus abgestellt werden. Im Ernstfall können sie Menschen den Weg versperren, die aus dem Haus flüchten. Außerdem können sie selbst Feuer fangen und das Treppenhaus verrauchen.

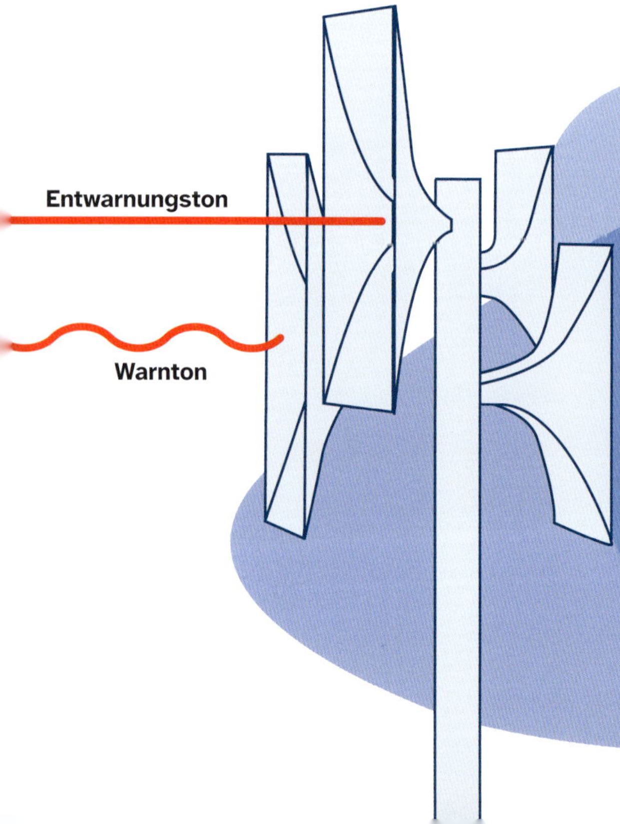


## Warnung für alle

Sirenen waren echt aus der Mode gekommen, aber inzwischen werden sie nach großen Naturkatastrophen wieder häufiger eingesetzt. Sirenen sollen dich mit lautem Geheul vor einer Gefahr warnen. Hörst du einen einminütigen Sirenenton, der immer wieder leiser und dann wieder lauter wird, ist das eine Warnung. Geh am besten sofort nach Hause. Hörst du einen einminütigen Dauerton, bedeutet das Entwarnung – die Gefahr ist vorbei.

**DACHSTUHL-BRAND**
Durch den Knick in der Leiter können auch schwer zugängliche Dachflächen erreicht werden.

### ES BRENNT, UND DU KANNST DAS HAUS GEFAHRLOS VERLASSEN.

- Versuch **Ruhe zu bewahren** und verlass das Gebäude auf einem sicheren Fluchtweg.
- Benutz immer die Treppen – **niemals den Aufzug!**
- Wenn möglich, mach **alle Türen hinter dir zu**, aber schließ nicht ab.
- **Ruf** so schnell wie möglich **die Feuerwehr** über die Notrufnummer 112.
- **Warn** andere Menschen und unterstütz Leute, die Hilfe brauchen.

### ES BRENNT, UND DU KANNST DAS HAUS NICHT MEHR GEFAHRLOS VERLASSEN.

- Wenn das Treppenhaus bereits verraucht ist, ist dein Fluchtweg versperrt. **Brandrauch ist supergiftig!**
- **Geh in einen sicheren Raum** und mach die Tür hinter dir zu. Schließ sie aber nicht ab.
- Öffne – wenn möglich – alle Fenster und **mach dich bemerkbar**. Ruf so laut du kannst: »Feuer, Feuer, Feuer!«
- **Ruf** so schnell wie möglich **die Feuerwehr** über die Notrufnummer 112.
- Versuch **Ruhe zu bewahren** und warte auf Hilfe.

# Du bist die Zukunft!

## *Die Kinder- und Jugendfeuerwehr*

**Du bist auf der Suche nach einem Hobby, das Technik, Spaß und die Hilfe für andere verbindet? Dann ist die Feuerwehr genau das Richtige für dich.**

Dort erfährst du zum Beispiel, wie man große Mengen Löschwasser aus einem See pumpt oder wie man bei Überschwemmungen mit Sandsäcken einen Damm baut. Viele Jugendfeuerwehren bieten außerdem Ausflüge und andere spannende Veranstaltungen an.

### *Los geht's*

Gibt es eine Kinderfeuerwehr in deinem Wohnort? Hier kannst du oft bereits ab dem sechsten Lebensjahr mitmachen. Spiel und Spaß sind die Hauptsache. Aber du lernst auch schon, welche Gefahren vom Feuer ausgehen und wie du dich im Notfall richtig verhältst.

### *Pack mit an*

Danach – du bist so zwischen zehn und zwölf Jahre alt – wartet die Jugendfeuerwehr auf dich. Ab jetzt wird es wirklich spannend. Du lernst Erste Hilfe und nimmst auch schon an Übungen teil.

### *Der erste Einsatz*

Mit 18 Jahren bist du volljährig. In deiner Zeit bei der Jugendfeuerwehr hast du viel gelernt. Ab jetzt hältst du das Strahlrohr im Einsatz selbst in der Hand und kannst das Feuer bekämpfen. In der Zwischenzeit hast du beste Freunde gefunden und bist Teil eines unschlagbaren Teams geworden.

### *Dein Weg zur Feuerwehr*

Für dich steht fest, dass du bei der Feuerwehr arbeiten möchtest? Dann kannst du eine Ausbildung bei der Berufsfeuerwehr machen. Oder du setzt dich weiter in deiner Freizeit bei der freiwilligen Feuerwehr ein. So oder so: Du bist der Nachwuchs, den die Feuerwehr braucht!

**ÜBUNG BEI DER JUGENDFEUERWEHR**
Unter Atemschutz einen Raum zu durchsuchen, ist gar nicht so einfach. Aber mit Übung wirst auch du zum Profi!

# **Feuer** gefangen?

Dann informiere dich am besten im Internet über die Feuerwehr in deiner Region. Ich bin sicher: Meine Kollegen und Kolleginnen freuen sich, dich auf der Feuerwache kennenzulernen.

# Wer hat dieses Buch geschrieben?

**UNSER AUTOR**
Ein Kollege sagte einmal zu mir: »Das Feuer ist eine schreckliche Schönheit!« – Besser kann ich es selbst nicht beschreiben!

**Im Gespräch mit ...**

**Jörg Nießen, Feuerwehrmann**
Jörg lebt bei Erkelenz im Rheinland und arbeitet bei der Feuerwehr Köln. Ein Teil der Feuerwehr zu werden, war eine der besten Entscheidungen seines Lebens.

## WARUM BIST DU FEUERWEHRMANN GEWORDEN?

Geplant war das nicht, als Kind wollte ich Archäologe werden. Erst durch meinen Zivildienst habe ich den Weg zum Rettungsdienst und zur Feuerwehr gefunden. Anderen Hilfe zu leisten und damit meinen Lebensunterhalt zu verdienen, ist eine tolle Sache.

## WELCHER EINSATZ IST DIR BESONDERS IN ERINNERUNG GEBLIEBEN?

Tatsächlich kann ich mich sehr gut an meinen ersten Einsatz unter Atemschutz erinnern: ein Feuer in einem Mehrfamilienhaus, das sich über drei Stockwerke ausgebreitet hatte. Zum Glück kamen keine Menschen oder Tiere bei dem Brand zu Schaden.

## WAS MACHST DU GERNE, WENN DU MAL NICHT IM DIENST BIST?

Zeit mit Freunden zu verbringen, ist mir sehr wichtig. Außerdem reise ich gerne nach Asien und bin begeisterter Taucher.

Bildquellennachweis:
AdobeStock: 16-17um (Rico Löb), 41 (benjaminnolte), 46ul (Gerhard Seybert); Albert Ziegler GmbH: 22u; Evers, Daniel: 10-11; Feuerwehr Köln: Inh.-Verz.m, 2or, 9m, 16or, 21or, 32, 33or, 43or, 47; Feuerwehr Unterhaching: 19u (Christian Albrecht); Jäger, Lars: 20, 20or, 24, 43um; LUF Deutschland GmbH: 23ur; mauritius images: 28-29u (Lex Rayton / Alamy Stock Photos); Nießen, Jörg: 48ul; Ohmen, Jan: 12u, 14, 48Hg.; picture alliance: Inh.-Verz.ul (Reiß / Fotostand), 2ur (Florian Peljak / SZ Photo), 3om (Frank May), 7or (Monika Skolimowska / dpa Zentralbild), 8 (Julian Stratenschulte / dpa), 13or (Reiß / Fotostand), 15mr (Frank May), 15om (Seeberg / Caro), 17or (HERMANN J. KNIPPERTZ / ASSOCIATED PRESS), 17om (christoph leimig / rtn), 21ul (Hauke-Christian Dittrich / dpa), 22or (Philipp von Ditfurth / dpa), 23o (Boris Roessler / dpa), 25o (Jochen Tack / imageBROKER), 25ul (Rainer Jensen / dpa), 26-27 (Jens Kalaene / dpa), 27or (Jürgen Henkelmann / imageBROKER), 29or (Arno Burgi / dpa), 30-31 (David Young /dpa), 35or (Sebastian Gabsch / Geisler-Fotopress), 38ul (lyzs /Westend61), 38ur (Sina Schuldt / dpa), 39o (Rolf Vennenbernd/ dpa), 40m (Jochen Tack), 42 (Vladimir Smirnov / dpa), 43ml (Ralf Hirschberger / dpa), 44-45om (Johan Nilsson / TT NYHETSBYRÅN); Shutterstock: Inh.-Verz.r (Marius Dobilas), 4-5 (Gorgev), 6-7 (Artalis), 15ur (Heinsdorff Jularlak), 18 (swissdrone), 34 (Kzenon), 35ul (Jaromir Chalabala), 36mr (K I Photography), 37 (Toa55), 40or (668049088); Wikipedia: 39ur (PD / Maxxl2 (Arrow) and The Navigators (Running Man Symbol))

Vorsatz: Shutterstock: (FooTToo)

Umschlagfotos: AdobeStock: U1 (Michael Stifter); Getty: U4 (ollo)

© 2024 TESSLOFF VERLAG
Burgschmietstraße 2 – 4
90419 Nürnberg
qualitaet@tessloff.com
www.tessloff.com
Alle Rechte vorbehalten.

Die Verbreitung dieses Buches oder von Teilen daraus durch Film, Funk oder Fernsehen, der Nachdruck, die fotomechanische Wiedergabe sowie die Einspeicherung in elektronische Systeme sind nur mit Genehmigung des Tessloff Verlages gestattet. Die Nutzung dieses Werkes für Text- und Data-Mining nach §44b UrhG bleibt ausdrücklich vorbehalten.

Autor: Jörg Nießen
Grafik: Ruth Koch, Annelie Weißmann
Lektorat: Linda Thiele
Bildredaktion: Michaela Koch, MK Content Services GmbH
Druck: Dimograf

ISBN 978-3-7886-7708-4

MIX
Papier | Fördert gute Waldnutzung
FSC® C018236

Hab ich schon. Brauch ich noch!